슬픔의 뒤편

김미정 시집

시인동네 시인선 181　　　　　　　　　　　　김미정 시집

슬픔의 뒤편

시인동네

시인의 말

기억은 제각각의 부피와 질량으로

오는 듯 사라진다.

가여운 저 그림자

붙들어 맬 수 없어서
떠날 수도 없다.

2022년 8월
김미정

차례

시인의 말

제1부

물집 · 13

대숲 · 14

배후 · 15

스몸비(smombie) · 16

백담에 이르다 · 17

지문 · 18

저녁 강 · 19

슬픔의 뒤편 · 20

낡은 구두 · 21

미래사 · 22

회색에 관한 변론 · 23

곤을동 · 24

동행 · 25

소리의 길 · 26

우포를 읽다 · 27

생각과 행동의 우선순위 · 28

제2부

검은 장미 · 31

미쳐야 사는 여자 · 32

죽어서 사는 남자 · 33

에파타 성당 · 34

풍금이 놓인 자리 · 35

순이 삼촌 · 36

집 · 37

산내 · 38

문외동 · 39

반구대안길 285 · 40

하양을 지나며 · 41

무인도 · 42

아화역(阿火驛) · 43

손 편지 · 44

블라디보스토크 · 45

경주 · 46

제3부

결별 · 49

다음 눈 · 50

처서 · 51

눈물 · 52

조응 · 53

메타세쿼이아 · 54

붉은 춤 · 55

미궁 · 56

울음 꽃 · 57

국화빵 익어가는 시간 · 58

헌 의자 · 59

한 번도 잊은 적 없는데 · 60

그 사이 · 61

무흘구곡 지나다 · 62

엘도라도 · 63

마다가스카르 · 64

제4부

블랙박스 · 67

목백일홍 · 68

낙화 · 69

외딴집 · 70

첼로 · 71

그러나 나는 걷는다 · 72

발로 그린 그림 · 73

파도 · 74

시계 · 75

시간을 팝니다 · 76

당신과 나의 거리 · 78

삼대목(三代木) · 79

손 · 80

달빛 사진관 · 81

겨우살이 · 82

제5부

희나리 · 85

엽서 · 86

마라도 · 87

아마도 · 88

가면 · 89

밤 벚꽃 · 90

안녕, 김녕sea · 91

을숙도 · 92

화답 · 93

겹 · 94

명성예식장 · 95

지팡이 · 96

테헤란로를 걸으며 · 97

그 사이 2 · 98

해설 '그늘'과 '그림자'의 시학 · 99
    황치복(문학평론가)

제1부

물집

힘거운
여정 끝에
부풀어 오른
집 한 채

뜨거운
고백 뒤로
눈물 고인
집 한 채

어쩌나,
감출 수 없는
아슬아슬
집 한 채

대숲

뼈대만 부여잡고 온몸으로 버티었지

바람길 열어주고 소리로만 텅 비었지

뒤편을 허락하지 않아 그늘에도 밟혔지

온몸으로 버티었지, 뼈대만 부여잡고

소리로만 텅 비었지, 바람길 열어주고

그늘에 밟히곤 했지, 뒤편 허락하지 않아

배후

궁금한 것들은 늘 뒤편에 도사린다
조종당한 순간마다 뒤틀린 몸의 각도
등으로 울고 웃던 흔적, 감춰둔 허물까지

무작정 기다리던 당신의 등 뒤에서
밀어낸 걱정마저 땀방울에 휩싸일 때
가만히 물러서지 않는 무뚝뚝이 돌림판

손닿지 않는 그곳 물무늬가 차갑다
빙글빙글 돌아서 때 없이 붉어져서
중심을 더 낮게 잡아도 드러내지 않는다

스몸비(smombie)

손바닥 크기만 한 화면에 박힌 얼굴

핏물 밴 흰자위만 거칠게 흔들린다

허공만 물고 가는 거리, 비틀대는 저 거리

스스로 빠져버린 스마트한 덫에 걸려

살아서 죽은 그림자 연거푸 밟고 간다

점점 더 멀어져가는 사람 사이, 빛 사이

백담에 이르다

백담에 이르기 전 당신을 생각했습니다
사치도 나머지도 아닌 눈물이라 괜찮다던
계곡이 계곡으로 이어져 당신께로 이어져

노을이 삼켜버린 붉은 울음 따라서
느릿하게 풀어놓은 산 그림자 따라서
당신이 어루만져주던 바람 기억 따라서

백담에 이르고도 당신을 생각했습니다
돌처럼 단단해져 물살을 이기라던
터널을 빠져나온 어둠, 물소리로 여울져

지문

손가락 마디마디
굳게 새긴 마음무늬

또렷했던 그 무늬
햇살 따라 풀어져서

닳도록 믿고 싶었던
기억마저 흐려져서

내가 나를 증명 못한
한순간 뼈저리다

번번이 거절당한
낡은 지문 밖에서

시간은 또 누구 편에서
손 흔드나, 해맑게

저녁 강

멈추면 보이는 줄 달릴 땐 몰랐습니다
해 지고 밤 오기 전, 그 짧은 순간 속
빛으로 물들어가는 바람노을 물노을

저녁을 파고들던 달과 별 등에 지고
또 하루 검기울면 소리마저 물듭니다
둥글게 부둥켜안고 몸을 섞는 물소리

흐름과 흐름 밖이 씻은 듯 고요해져
삼키지 못한 눈물, 더 붉게 물듭니다
품어서 풀어 내리는 저물 무렵 물무늬

슬픔의 뒤편

속들이 무너지고 무너져 새어나온
깊이를 묻는 그늘, 흉터만을 남긴다
종족을 알 수 없어서 쓸 수 없는 연대기

드러난 순간마다 무형의 틀에 가려
기다리면 사라질까 한 걸음 뗄 수 없다
배후를 찾아갈수록 외딴섬만 보일 뿐

낡은 구두

치우친 한쪽으로 민틋한 구두밑창

늘 가던 길의 방향 옳다고 믿었기에

긴 침묵, 돌보지 못한 귀퉁이가 닳았다

쏠리지 않겠다던 속도를 달래가며

어느새 기울고 만 길 따라 기억 따라

다시금 미끄러지기도 했을, 아픈 시간 꿰맨다

미래사

미래사 가는 길은 깎은 듯 가파르다
더 갈 데 없는 길도 드러내지 않는 숲도
미래로 받든 저 하늘, 높고 푸른 속내다

오르는 길목마다 붉게 젖은 흙 내음
감싸주던 바람은 때로 나를 지나치고
틈틈이 새겨둔 자리 그마저도 지워져

굽이굽이 돌아서 곧게 세운 마음 길
그 푸른 편백나무 그늘에 겹쳐진다
어제와 오늘이 쌓여 흔들리지 않는 산사

회색에 관한 변론

뱉지도 삼키지도 못해 목에 걸린
참말과 헛말 사이 들썩이는 숨소리
경계가 허물어질 때면 목 넘김이 순하지

허울을 걸어놓고 골똘한 하루하루
가고 오지 않는 이유 따위 모르고
울다가 웃다가 말다, 먹울음을 삼키지

선연한 흑과 백이 팽팽히 맞닿아서
이쪽도 저쪽에도 다가서지 못할 그때
잿빛에 물든 하늘이 울멍울멍 맴돌지

곤을동

별도봉 오름자락 푸른 해안을 끼고

떠나고 남은 이 없이 잡풀들 무성한 곳

어디서 길을 잃었나, 어느 곳을 헤매나

곤을동 잠 깨어 물 위에 떠오르면

울담이 놓인 자취, 뿌리로 닿는 기억

바람은 고요를 삼키고 귀먼 신을 부르나

---

*곤을동: 제주도 화북동 서쪽에 있었던 마을. '항상 물이 고여 있는 땅'이라는 데서 그 이름이 붙여짐. 4·3사건 이후 잃어버린 마을이 대부분 중산간인데 비하여 곤을동만은 해안마을임에도 군인 토벌대에 의해 방화되고 복구되지 않았다고 한다.

동행

'속도'보다 더 값진 '함께' 그린 그림자

앞서거니 뒤서거니 휠체어를 돌린다

바큇살 사이로 퍼지는 햇살, 꼬리마저 흔든다

소리의 길

소리에 소리 없어
구름이 써 내려간

소리로 소리 감아
바람이 훑고 간

그 푸른 소리를 밟아
그늘에서 빛으로

계절도 소리 따라
물드는 저 홍류동

그 붉은 소리 건너
저물녘 어느 산사

내 안에 소리를 닦아
처마 끝에 매다는

우포를 읽다

늪에 이르러다 덤불에 걸러들지
그것은 짐작일 뿐 가늠할 수가 없어
거처를 드러내지 않는 이내 속에 잠기지

너는 새가 되어 자꾸만 떠나가지
속울음 들키려나, 어둠살 달래가며
환승을 꿈꾸는 이방인 발자국을 포개지

늪을 바라보다 더 깊이 빠져들지
지울 수 없는 물무늬 으늑한 행간 속을
겹겹이 써 내려가는 푸른 문맥, 벅차지

생각과 행동의 우선순위

칼을 쥔 오른손에
날 세운 사과 반쪽

생각에 미끄러진
칼날과 중력의 힘

예감은 빗나가지 않고
왼쪽 손을 감싸지

제2부

검은 장미
— 여자 광부

검은 산 검은 땅, 넷 에움이 캄캄하다
가시만 남은 장미 그 아린 가지에서
수천 번 허리를 굽혀 주워 올린 삶까지

사내를 묻은 갱도 잴 수 없는 깊이에도
떠나지 못한 여인들 달라붙은 분진에도
선탄장 컨베이어벨트 밤을 새운 소음에도

밤새 내린 하얀 눈 선명한 발자국 따라
지하에서 지상으로 이어지는 외길 막장
빛보다 진한 향기로 피어나는 검은 꽃

미쳐야 사는 여자
― 프리다 칼로

숯보다 검은 눈썹 음영 아래 숨어들면

내 눈엔 나만 보여 부서진 나만 보여

거울 속 '두 명의 프리다' 피만 뚝뚝 흐르지

찌르고 또 찔러서 조각조각 맞춘 뼈

고통 끝 잡은 붓이 숨조차 뺏어가지

죽음을 채색할 때마다 미쳐야 사는 여자

죽어서 사는 남자
— 고흐

죽음에 마주서서 빛이 된 한 남자

'아를의 붉은 포도밭' 바깥으로 떠났다

살아서 돌아온 별빛 '별이 빛나는 밤'이다

에파타* 성당

마음의 청각장애 몸으로 느끼려면
지하철 5호선 마장역 3번 출구
수어와 수어(手語) 사이 깃든, 빛을 보러 오시게

입과 귀가 열려서 타오르는 눈빛 속
그대를 마중 나온 고요를 만나시게
고요가 소리를 건너 빛에 닿아 열리니

---

*'에파타(EPHATHA)'는 히브리어로 '열려라'는 뜻이다.

풍금이 놓인 자리

펼쳐진 마디마디 기억의 음표들이
하나 둘 호명되어 손끝에 모여들면
속살을 드러내며 웃지, 햇살처럼 흰 건반

부르면 대답하듯 누르면 되오르듯
반음과 반음 사이 지켜줄 검은 건반
화음을 불러일으키는 네 목소리 들리지

발끝 닿는 그곳에 부푸는 디딜풀무
더러는 삐걱대고 헛짚는 엇박자도
힘차게 페달을 밟아 뿌리내린 곳이지

순이 삼촌

살아서 죽은 목숨, 죽어 다시 살러나
우묵한 가슴 아래 아픈 기억 밀어 넣고
살아서 죄가 된 이름 '순이 삼촌' 묻는다

흙 한 줌 올리지 못한 돌무덤 애기무덤
'옴팡밭' 한가운데 널브러진 울음소리
살아서 얻지 못한 이름, 유서처럼 새긴다

---

*순이 삼촌: 제주도 4·3사건 전후에 발생한 비극에 대해 다룬 현기영의 대표작이자 첫 소설집.

집

사람이 돌아오고
집은 다시 숨을 쉰다

한때는 밖으로만
돌고 돌아 텅 빈 곳

그 누가 돌아올 곳을 남겨
비워두는 가운데

산내

푸름이 첫 글자에 피어나는 마을이네

산 안에 마을 있고 그 안에 사람 있네

산마다 푸르른 사람, 사람마다 산이네

문외동

기억은 문 밖에서 저마다 흩어졌지

안쪽은 촘촘해도 바깥은 헐거워져

눈 감아 떠오르는 금호강, 그마저 흘려보내고

동문 밖 눈 익은 자리 한 그루 회화나무

모두가 떠나가서 돌아오지 않아도

아주 먼 그늘을 드리워 그렁그렁 맴돌지

반구대안길 285

온몸 다 새기도록 수만 번 바뀐 계절
원시로 이어지는 그 길은 늘 젖었다
더 이상 젖을 일 없는 이야기만 남기고

거북이 가마우지 호랑이 여우 사슴
배와 작살 만들어 포경을 꿈꾸던 이
동해로 떠나는 날을 손꼽아 기다릴까

차갑게 삼킨 말들 뼈와 살로 굳어서
돌리지 못한 물길도, 거역 못한 시간도
온몸 다 잠길 때까지 바위는 말이 없다

하양을 지나며

도화지 한 장 위로 볕 바른 물결이네
가까워 멀어지는 저 눈물 가시광선
보얗게 이울 때까지 손 흔들던 어머니

대구서 영천 가는 그 길목 하양이네
닿을 듯 멀어질 듯 발목까지 끌고 와
옥양목 고운 빛으로 다녀가신 어머니

무인도

어디서 발자국 소리가 들리느냐
어둠을 밀고 가는 차가운 도시 불빛
엎드려 갈 곳을 몰라, 가도 가도 바닥뿐

그 바닥 핥고 가는 왜바람 소리더냐
머리맡 흔들고 간 엇갈린 수신호에
멀어져 가는 눈길과 돌아누운 그림자

역 광장 가로질러 때 이른 꽃샘이냐
손가락 사이사이 검푸른 풍랑 일어
출항을 꿈꾸는 저 몸결, 어둠살을 더듬어

아화역(阿火驛)

임포와 건천 사이 불타는 언덕바지

잠깐 멈춰도 좋을 기차가 내달리네

간간이 떠오르는 기적, 칸칸마다 붉히며

언덕을 차오르는 열기 꾹꾹 눌러서

달려가는 기차도 머물고픈 마음도

기억을 옮겨 나르네, 하염없이 구르네

손 편지

오는 길
두근두근
마음 밟아
오시네

가는 길
사각사각
소리 밟아
가시네

곰곰이
새긴 발자국
또박또박
쌓이네

블라디보스토크
— 연해주

바다와 땅의 접경 저 도저한 아무르 강

갈대 우는 수풀 속을 꿈틀대는 육필 원고

경계도 분노도 사라진 땅 돌아오라, 어서 오라

엇비슷한 낯빛끼리 놓친 손을 되잡고

가깝고도 먼 거리 애끓는 기억 속을

화알 활 타오르거라 불꽃이여, 꽃이여

경주

시간은 이곳에서 머문 게 분명하다
속들이 빛을 바랜 풍경은 풍경대로
천년에 천년을 더해도 꿈쩍 않을 서라벌

집집이 봉분에 기대어 사는 도시
출토를 기다리는 언어는 모두 꽃이다
무너진 성벽 더듬어 헤아리는 흙 무늬

불국의 영토에서 이어온 탑 그림자
층층이 뿌리내려 심어둔 가락이다
시절에 갇히지 않는 무현금의 노래다

제3부

결별

결국 이를 수 없는
별 하나 있었지

가까이 더 가까이
애쓰다 놓쳐버린

멀어져, 결코 멀어져
닿을 수가 없는 별

다음 눈

첫눈에
반했다는
철없는 고백
그마저

그다음
눈에 덮여
녹녹히
녹는 사이

두 눈이
주고받은 맹세
난분분히
흩어져

처서

누구는 간다 하고
누구는 온다 하고

입추와 백로 사이
지고 피는 울음 꽃

귀뚜리 애끊는 소리
소식 끝에 매달고

눈물

당신을 들여놓은 그림자에 밟혀서

그리움 빠져나간 그 자취 아롱이네

아직은 다 젖지 못해 내 안에서 흐르는

조응

오른쪽 콘트라베이스 나지막이 다가오고

플루트와 오보에 맞물려 떠오르면

황금빛 강물에 펼치는 울림이라, 어울림

객석에 흘러내린 선율은 빛이 되어

무대로 날아오른 너와 나의 그림자

고요한 그 숨결까지 울림이네, 어울림

메타세쿼이아

허공에 걸어둔 바람
바람에 묶인 하늘

서로가 서로에게
화석처럼 박힌다

촘촘히 기록된 햇살도
너와 나의 그늘도

이 길 끝에 서면
너를 지울 수 있을까

자꾸만 길어지는
그림자에 묻는다

돌아갈 곳이 없어서
돌아서지 못하는

붉은 춤
— 플라멩코

불현듯 쏟아지는
한 줄기 기타 울음

집시의 습속인가
슬픔의 바탕인가

붉은 피, 심장을 두드려
치마폭을 적시네

뜨겁게 파고드는
북소리 파도 소리

어둠에 응답하는
붉은 선 붉은 몸짓

주술을 걸었는가, 그대
한발 앞은 절벽인데

미궁

날목을 찾지 못했나 점점 더 깊은 수렁
웃음 진 눈물 자위 뒤엉기는 신음 소리
그 사이 배어드는 환청, 울음 빛에 고이나

가고 오지 못하나, 오고 가지 못하나
활에 미끄러지고 술대 찔러 흔들면
단숨에 쏟아버리나 두려움도 경계도

깊이를 잴 수 없어 겹겹이 진창인가
공기로 휘어지나 소리에 부딪치나
막다른 길 끝에 놓인, 아제아제 바라아제

울음 꽃

미세한 틈을 뚫고 솟아오른 물보라

슬픔도 사이사이 스며들면 꽃이지

소리가 소리를 머금고, 소리 없이 이울 때

남몰래 뿌리내려 깊게 파인 볼우물

울음에 빛이 들면 물빛으로 반짝이지

흔적을 남기지 않으려 한 올 한 올 물드는

국화빵 익어가는 시간

무뜩 바람에 실려 다다른 안게 오일장
파장 길 포장마차, 허기진 골목 어귀
다발로 피어난 꽃들 고슬고슬 부풀 때

마른 꽃 한 잎으로 차갑게 식을 때면
꽃보다 아름다운 이, 이따금 돌아보라고
뭉클한 송이송이가 저리 바삐 익었지

볼연지 입술연지 꽃물 든 손톱까지
아낙의 거친 목청 휘어지는 불판 위로
하나씩 튀어 오르는 꽃잎, 뜨끈뜨끈 넘길 때

헌 의자

때 묻고 낡아지도록 반들반들 닦았지
머물고 싶던 안쪽 아껴둔 체온으로
드나든 시간의 갈피마다 삐걱대는 뼈마디

덧대지 못한 기억 되박아서 아물지
제 몸속 기대어 숨죽인 파열음이
조각난 반그늘에서 얼룩처럼 번지지

때때로 새로움이 익숙함을 밀어내어
지워진 지문 아래 촘촘히 파고들어도
처음은 그 끝을 물고 오래도록 감돌지

한 번도 잊은 적 없는데

올곧게 육십 년, 챙겨온 결혼기념일
그렇게 한 번을 잊어본 적 없는데
귀퉁이 녹아내리며 고장이 난 기억창고

나란히 발맞추면 벼랑 끝도 마다않던
그 오랜 그림자가 까마득 뒤엉켜서
아슴히 이지러지듯 한 걸음씩 지우네

그 사이

남자가 친구로만 보이는 그 여자

여자가 친구로는 보이지 않는 남자

보이다 보이지 않는 사이, 달려가나 멈추나

그때는 맞았고 지금은 틀리다는 것

지금 맞다 하면 그땐 어쩜 달랐을까

틀리고 맞는 그 사이, 머무르나 흐르나

무흘구곡 지나다

구곡에 단풍 들어 단풍에 홀로 드니
가을도 끝자락은 고요로 내려앉네
대가천 물길 속에서 붓을 드는 새털구름

기어이 다 내리고 기우는 풍경 너머
시간을 통과해 온 빛은 남아 부시네
당신의 그늘 안쪽에 갈마드는 내 그늘

끊어질 듯 이어가다 굽이친 골짜기로
그만한 자리 없어 쉬어가는 바람이네
그 바람 기척도 없이 붉게 물든 꽃노을

엘도라도

호수는 말이 없네, 잃어버린 전설 속
아마존 정글 지나 안데스 산맥 넘어
상상 속 황금의 나라 신을 만나러 떠난 자

어디로 길을 내어 황금빛에 이르나
멀리, 더 멀리서 지키려 빼앗으려
소문은 소문을 물어 바닥까지 훑네

하늘 땅 나무와 새 우주를 벗 삼아서
잘못 읽은 문장들, 욕심 따위 내려놓고
온몸에 태양빛 안아 신에게로 돌아서네

마다가스카르
— 소혹성 사람들

햇살이 어루만진 깊숙한 걸음 위로
상상을 뛰어넘네, 화성과 목성 사이
꿈꾸는 바오바브나무 먼 테두리 작은 별

그물코 구멍구멍 잦아든 바람 울음
어깨에 맨 땀방울 이내 바다로 던지고
가두지 않아도 넉넉한, 젊은 어부 그 미소

장보러 오가는 이, 마주친 눈빛 속에
식민지 그늘 지나 하루 세끼 흰 쌀밥
씻은 듯 반짝이는 금모래 기도문에 새긴다

제4부

블랙박스

낯설다 빈틈없는 상자 속, 넌 누구니?

까닭 모를 비굴함이
슬그머니 눈을 뜨네

숨기고 감추려 해도 덧쌓이는 눈맞춤

화면을 스쳐가는 이방인의 그림자

아무도 못 봤다고
누구도 모르겠니?

생각은 기록되지 않고, 내력만 기억되는

목백일홍

붉디붉은
입술이
태양을
끌어당겨

뜨거운
불씨로나
몸 안 가득
피고 질 때

꽃물로
써 내려가는
석 달 열흘
긴 편지

낙화

해마다 피고 지는
꽃이 뭐 대수냐고

차마 뱉지 못할
속엣말 삼킵니다

꽃비로 흩어지는 향
여울 속에 이울듯

날마다 주고받는
안부가 별거냐며

바쁘단 핑계 뒤로
슬쩍궁 지나칠 때

응급실 창 쪽으로 불쑥
목을 꺾는 흑목련

외딴집

바람이 잦아든 길, 일직면 조탑안길

마실 나온 할머니들 나란히 졸고 있네

주인은 종을 치러 갔을까? 멀어지는 종소리

때 묻은 기억들은 흙벽에 기울어져

덧발라 숨겨놓은 아픔 툭툭 갈라지네

배경을 자처하며 살던, 외따로이 놓인 집

첼로

감싸듯 그 깊은 곳

한 올 한 올 자아올려

저 굵고 낮은음자리

숨죽여 무릎 세우고

무반주 선율에 기대어

거울지는
달
빛
변
주

그러나 나는 걷는다
― 자코메티

뼈대와 살점 사이
스며든 한 줄기 빛

그 빛에 목을 가누다
중심이 기울어도

꼿꼿이 긴 그림자 세워
걸어가는 한 남자

마중 나간 앞발과
살짝 든 뒷발 사이

거칠고 바스러질
한 생을 마름질해

기어이 불끈대는 힘줄
그 너머에 닿는다

발로 그린 그림

벼린 저 생각들이 잠긴 빗장 풀 때면
시대를 넘나들어 만날 사람 마주하지
바람길, 산길 물길에 그 울림을 새긴 이

발로도 그릴 수 있는 그림이라 했을까
접었다 펼친 길을 더듬어 온 고산자
흙내음 덤으로 채색하고 거친 숨결 보듬어

아로새긴 화첩 속 스며든 시간이네
품 넓은 공간 안에 거둬들인 사람이네
촘촘히 기록된 길의 문장, 톺아보는 거라네

파도

쥘부채 펼칠 때면
버선발로 달려와서

거품을 물었다지
뒤집어질 때마다

단서가 사라지기 전
잡아두려 했을까

감춰보려 했을까
벼랑 끝 바람에도

겁 없이 뛰어내린
어수룩이 햇살도

뜨거운 알몸에 놀라
뒤척이는 저 날개

시계
— 윤봉길

얼마나 두려웠을까 죽음에 맞닿은 때

칼바람 등에 지고 겨우 남은 한 시간

어둠에 포개지는 순간, 그 빛을 되돌리나

아무도 하지 못해 그 누구도 할 수 없는

뜨겁게 타올라서 바꿔놓은 그 자리

시간은 되돌리지 못해 시간 밖을 맴도나

시간을 팝니다

스물넷
서툰 나이
조금씩 아껴 팝니다

하루는 너나없이
움켜쥔 스물넷

쪼개고
또 쪼개보아도
쉬어갈 틈 없습니다

잠자고
생각하는
그것마저 아깝니다

보이지 않는 꿈,
바람 같은 꿈을 향해

티끌로

흩어지지 않을

또 하루를 팝니다

당신과 나의 거리

사람과 사람 사이 무너진 길이 있다

등 돌린 하루하루 실낱처럼 이어져

불안이 몸을 감싼 채, 불확실한 길이다

무표정 바이러스 마스크를 훔쳐본다

다가설 수 없는 당신과 나의 거리

빼앗긴 그 거리에도 눈 시린 봄이 왔다

삼대목(三代木)

죽도록 잇겠다고 마른 몸피 웅그리네
오르내린 가슴 섶, 뜨거운 피 말라붙고
그을린 기억의 지문 우묵하게 새기네

한 촉 심지 올려 굽은 뼈대 살피네
바람 잠든 나이테 울음 기댄 자리마다
소리가 소리를 삼켜, 비도 멈칫 긋네

손

잔가지 사이사이 바람이 지나간다

그 바람 눌러쓰고 높이 오른 산행길

힘들면 힘을 빼라며 모자를 휙, 벗긴다

돌아본 가지 끝에서 모자가 흔들린다

보이지 않는 손과 볼 수 있는 생각이

그대로 그 겨울 산으로 몰래몰래 따라와

달빛 사진관

렌즈를 맞춰놓고 시간이 멈추기를
기다려도 풀지 못한 흰 쪽배 수수께끼
돛대도 상앗대도 없이 깨금발로 한 컷

움직이는 달 아래 풍경마저 흐려져
미처 내뱉지 못한, 삼키지도 못한
그윽이 바라만 보다 끝도 모를 가락에

렌즈를 열어놓고 시간이 흐르기를
달빛이 어루만진 밤 그늘에 젖어서
맞닿아 피어오른 안개, 비단물결 또 한 컷

겨우살이

겨우내 흔들림은 이어가는 제 몫이다

버티고 매달리며 날마다 비운 생각

허공에 뿌리내려도 더부살이 숨긴 채

햇살이 풀어놓은 초록빛 생을 걸고

목숨을 엮어나갈 아찔한 굽이굽이

둥지에 알을 맡기듯 온몸으로 힘을 뺀다

제5부

희나리

아직 덜 마른 시간, 그 밖을 애돕니다

그대는 흔들리고 이따금 사라져서

뭉클한 노을빛에도 다가설 수 없어서

깊숙이 젖어들어 못다 한 말 건넵니다

타다 만 기억 따라 그늘은 깊어져서

눈시울 붉어진 채로 그대에게 갑니다

엽서
— Roma-Fontana di Trevi

한 잎이면 족하네, 귀엣말 속삭이듯
옛 도시 그대론데 재촉하는 시간들
누가 또 동전을 던지네 기다림을 되묻네

손 전화를 잠그니 손 내미는 작은 잎새
기억은 풍경 속에 새겨둔 꿈이었네
너에게 닿기를 원해 그려 넣은 한 폭, 꿈

마라도

가장 먼 남쪽 바다
마라도, 마라도

섬에 남은 사람도
섬을 떠날 사람도

서로가 바람을 안고
돌아보지 마라 하네

아마도

마음으로
재는 거리

그 둥근 움직임새

흔들리는
동공 속

가깝고 먼 섬 있네

아마도
그곳은 몰래

그대 안에 이르고픈,

가면

탈고를 눈앞에 두고
계절을 바꾸다니

허공에 뿌리내린
허무한 봄날인가

애당초 결말은 없었지
반전에 또, 반전뿐

빠르게 번져가는
미생물의 속도 따라

자꾸만 돌아보네
감출 수 없는 그늘

기어이 가면이 된 마스크
속내마저 숨기네

밤 벚꽃

밀려오고 밀려가는 바람길 사이사이

여린 저 꽃잎에 드러나는 실핏줄

배후가 어둠이어서 더 절박한 떨림이여,

떠도는 침묵이여, 어디로도 닿지 못할

달빛을 그러모아 더 한층 뭉클한 꽃잎

그 꽃잎 밟아 지나가는 눈물인 듯 칠흑인 듯

안녕, 김녕sea

하얗게 뿌리내린 들뜬 마음 발자국
모래란 이름으로 흩어진 이별이네
또 다른 만남을 꿈꾸며 쌓아올린 성(城)이네

귀담아 듣고 싶은 수평선 너무 멀어
오래된 숨비소리 허물처럼 벗어놓고
바다는 남초록 햇귀, 구김 없이 펼치네

손 한번 흔들지 않고 '안녕'이라 말하는
투명한 너의 이마 오뚝한 콧날 위로
김녕씨, 바람을 가르며 주파수를 맞추네

＊안녕, 김녕sea: 제주도 김녕 해변가 민박집 이름에서 빌려옴.

을숙도

떠오른 순간만큼 더 높이 날아오르지
돌아올 약속 따위 바람에 걸어두면
게으른 날갯짓에도 서걱대는 갈대숲

잊은 지 오래인 듯 울음은 익숙한 듯
등 돌린 계절 따라 몰려가고 몰려와서
서둘러 몸을 섞는 바다, 강물 끝에 모이지

서녘을 물들이며 붉게 젖은 안부처럼
허공을 밀어내고 웃자란 갈대꽃이
물 맑은 모래섬 기슭에서 시린 눈을 맞추지

화답
— 오르골

실버들 속살거려 연둣빛에 풀리고
시간을 감아 돌아 깊어지는 물그림자
소리가 이끄는 대로 그러모은 향기라네

어떤 색으로 피든 꽃은 이내 또 지고
거스를 수 없어도 켜켜이 깃든 물빛
오르골 놓인 창가로 살포시 귀를 여네

겹

싸리울 틈새마다 바람 이는 나뭇가지

내 것 아닌 울타리 저 안과 밖을 나눠

가두고 풀어주는 일 못다 감춘 달빛에

거듭 글썽이며 밟고 간 달그림자

마음 떠난 자리에서 손 놓은 자리까지

처음과 끝이 만나는 곳 문고리에 겹친다

명성예식장

굵은 획 세로 활자, 별마당이 환했지
사진틀 한가운데 세워둔 아들 부부
그 액자 모서리마다 첩첩 쌓인 햇살들

사랑방 낡은 벽지 살짝 기운 못자국도
붙들고 살아가는 어머니 오랜 기도
유리막, 저 안과 밖에서 샛별처럼 빛나지

지팡이

네 발로 기어가다 섬마섬마 일어설 때

엄마 손 마주잡고 멀리 보며 걷자 했지

가파른 시간의 고갯마루 뉘엿뉘엿 기울어

어머니 오랜 걸음 휘어진 기슭에서

굽은 등 끝자락이 사무치게 떨릴 때

똑 똑 똑 움켜쥔 소리만 모질음에 붙들지

테헤란로를 걸으며

꽃잎이 휘날려도 꽃 지는 줄 모르나

낭만을 던져주고 선택한 자본주의

서울서 테헤란까지 가도 가도 멀어서

늦가을 바람에 젖어 뒹구는 낡은 지폐

'추일서정' 한 구절이 행간에서 미끄러져

우거진 빌딩숲 사이 어느 벽에 기대나

그사이 2

햇살이 미끄러져 쌓여가는 그사이

오래된 미래와 가까운 옛날 사이

바람을 이끈 날갯짓, 시로 물든 그 사이

해설

'그늘'과 '그림자'의 시학

황치복(문학평론가)

1. '뒤편', 혹은 '배후'의 향방

김미정 시인은 2004년 《동아일보》 신춘문예에 시조 「왕피천, 가을」이 당선되어 문단에 나온 이래, 시집으로 『고요한 둘레』(동학사, 2011), 『더듬이를 세우다』(목언예원, 2016), 그리고 시조 선집으로 『곁』(고요아침, 2017)을 펴낸 바 있다. 기존의 두 권의 시집에서 시인은 가족사를 둘러싼 자서전적인 개인사를 시화하면서 자아를 탐구하기도 하고, 심미적인 가치를 발굴하기도 하면서 시적 영역을 넓혀왔는데, 무엇보다 구도적이고 견인불발의 시정신이 인상적인 국면을 연출하고 있었다. 앞선 시집에 나타난 시인의 시적 상상력에서 특히 중요한 것은 기억에 대한 서정적 가치라고 할 수 있는데, 시인은 이미 지나버린 과거의 시간이 지닌 아름다움과 정동에 천착하면서 그것이 발산하는 향기와 파장을 포착하여 시화하는 경향을 보였다.

사실 이번 시집에서도 '기억'이라는 주제는 '뒤편', 그리고 '무늬'의 이미지들과 결합하여 다층적인 의미망을 구축하면서 그윽한 아름다움과 가치를 발산하고 있다. 또한 기억이라는 주제는 '그늘'이라든가 '그림자'의 이미지들과 융합하여 깊은 정서적 가치를 함축할 뿐만 아니라 사유의 깊이까지 확보하고 있어서 시적 상상력의 성숙과 함께 시적 사유의 진전을 확인할 수 있다. 이러한 점에서 이번 시집은 시인에게 기념비적인 의미가 될 것이 확실한 듯한데, 시인이 구축한 그 아름답고도 심오한 이미지들의 세계로 들어가 그 정취를 음미해 보도록 한다.

먼저 주목되는 이미지는 '뒤편', 혹은 '배후'의 이미지인데, 이러한 이미지들은 단일한 이미지로 존재하지 않고, 이번 시집에서 그물코에 해당되는 이미지들인 '그늘'이라든가 '무늬'의 이미지들과 어울려서 한층 복잡하고도 다채로운 의미망을 구축하면서 정서적 자장을 형성한다. 미리 당겨서 말하자면, 시인이 구축한 '뒤편', 혹은 '배후'의 이미지란 어떤 상황이나 대상이 지닌 어두운 측면으로서의 그늘과 같은 역할을 하기도 하고, 존재의 근거, 혹은 뿌리와 같은 역할을 하면서 시적 대상에 입체감으로서의 음영(陰影)을 제공함으로써 시적 정취의 깊이를 더한다는 점에서 시인이 구축한 아름다운 이미지 성좌의 한 축을 차지하고 있다. 다음 작품에서 '뒤편'이란 존재의 약점, 혹은 세속적 타협과 같은 연약함을 의미한다.

뼈대만 부여잡고 온몸으로 버티었지

바람길 열어주고 소리로만 텅 비었지

뒤편을 허락하지 않아 그늘에도 밟혔지

온몸으로 버티었지, 뼈대만 부여잡고

소리로만 텅 비었지, 바람길 열어주고

그늘에 밟히곤 했지, 뒤편 허락하지 않아
—「대숲」전문

첫 수와 둘째 수는 각 장이 도치된 형태를 취하고 있는데, 이러한 형태는 대숲이 지니고 있는 균제된 형상과 질서 있는 사각의 무늬와 같은 풍경을 시조의 형식으로 구현하려는 일종의 형태주의(formalism)일 수도 있을 것이다. 대위적이고 대구적인 정제된 시조의 형상이 이 시의 형식과 조화를 이루듯이 시인이 '대숲'을 통해서 그리고자 하는 인격적 가치란 어떤 강인하고 절제된 정신적 가치일 터인데, "뼈대"라든가 "텅 비었지"라는 표현들이 군더더기 없는 탈속적인 삶의 자세를 견지하는 어떤 인격을 상상하도록 한다. 구도적인 삶의 자세는 김미정 시인이 첫 시집에서부터 견지하고 있는 시적 태도이기도 한데, 시조라는 것이 절제와 탁마(琢磨)를 통해서 삶의 기율을 확보하려는 장르라고 한다면, 시인의 이러한 태도는 시조의 본령에 속한다고 할 수 있다. 그런데 주목되는 점은 "뒤편을 허락하지 않아 그늘에도 밟혔지", 혹은 "그늘에 밟히곤 했지, 뒤편을 허락하지 않아"라는 구절인데, 여기에 이번 시집의 핵심적인 이미지인 '뒤편'이라든가 '그늘'의 이미지가 등장하기 때문이다. 시적 맥락에서 보아 이 작품에서 '뒤편'이란 어떤 꼿꼿한 인격이 허락하지 않는 세속적 타협의 여지 같은 것을 의미한다면, '그늘'이란 그러한 견인불발의 의지로 인해 얻게 되는 부정적 결과로서 상처라든가 곤경 등을 함의하고 있다. 그러니까 우리의 관심사인 '뒤편'이라는 이미지는 인간 존재의 취약함이라든가 떳떳하지 못한 약점을 의미하고 있는 셈이다. 다음 작품의 '뒤편'은 좀 더 심오하다.

궁금한 것들은 늘 뒤편에 도사란다
조종당한 순간마다 뒤틀린 몸의 각도
등으로 울고 웃던 흔적, 감춰둔 허물까지

무작정 기다리던 당신의 등 뒤에서

밀어낸 걱정마저 땀방울에 휩싸일 때

가만히 물러서지 않는 무뚝뚝이 돌림판

손닿지 않는 그곳 물무늬가 차갑다

빙글빙글 돌아서 때 없이 붉어져서

중심을 더 낮게 잡아도 드러내지 않는다

─「배후」 전문

 "궁금한 것들은 늘 뒤편에 도사린다"라는 대목에서 알 수 있듯이 이 시에서 '뒤편'이란 어떤 상황이나 현상의 '배후'로서 그 상황과 현상이 발생하도록 한 근본적인 원인이나 힘 등을 의미한다. 그러니까 '뒤편'은 모든 존재의 '배후'로서 배경과 맥락의 역할을 하는 셈이다. 그런데 "조종당한 순간"이라든가 "무뚝뚝이 돌림판", 그리고 "손닿지 않는 그곳", 혹은 "드러내지 않는다"라는 표현 등에 주목해 보면, 존재의 배후로서의 '뒤편'은 존재를 규정하고 작동시키는 불가사의한 운명이라든가 어떤 '커다란 손'으로서의 신의 입김 같은 것을 연상케 한다. 그것은 "돌림판"으로서 우리의 운명을 "빙글빙글 돌"리면서도 "무뚝뚝"하게 자신의 모습을 드러내지 않고 신비에 싸여 있는 것이다. 그런데 운명 혹은 섭리를 함축하고 있는 존재의 배후로서의 뒤편은 "감춰둔 허물"이라든가 "무작정 기다리던 당신의 등 뒤", 혹은 "밀어낼 걱정", "물무늬가 차갑다" 등의 표현에서 추론할 수 있듯이 냉정하고 가혹하기도 하며, 슬픔과 한탄의 정동을 자아내고 있음을 알 수 있다. 그러니까 배후로서의 뒤편은 냉혹하고 불가피하게 우리를 지배하면서 우리에게 곤경과 상처를 자아내는 기제임을 확인할 수 있다. 시인의 시편에서 '뒤편'이라는 이미지가 대부분 '그늘'이라든가 '그림자'의 이미지와 결합하는 이유가 여기에 있을 것이다. '뒤편'의 이미지에 관한 한 편의 시를 더 읽어보자.

> 속들이 무너지고 무너져 새어나온
> 깊이를 묻는 그늘, 흉터만을 남긴다
> 종족을 알 수 없어서 쓸 수 없는 연대기
>
> 드러난 순간마다 무형의 틀에 가려
> 기다리면 사라질까 한 걸음 뗄 수 없다
> 배후를 찾아갈수록 외딴섬만 보일 뿐
>
> ―「슬픔의 뒤편」 전문

역시 '뒤편'이 문제가 되고 있는데, 여기서는 '슬픔'이라는 정서의 뒤편이다. 슬픔의 뒤편이 "속들이 무너지고 무너져 새어나온" 것이라는 은유, 그리고 "종족을 알 수 없어서 쓸 수 없는 연대기"라는 시적 진술들은 슬픔이라는 정서가 지닌 속성과 불가사의한 성격을 잘 드러내 주고 있다. 주목되는 점은 "깊이를 묻는 그늘"이라는 대목과 "배후를 찾아갈수록 외딴 섬만 보일 뿐"이라는 구절인데, 이러한 표현들에는 슬픔이라는 정동의 성격이 절묘하게 파헤쳐지고 있기도 하지만, '뒤편'이라는 이미지에 대한 깊은 통찰이 스며 있기 때문이다. 이러한 표현들에서 '뒤편'이란 그러니까 슬픔이라는 정서에 깊이를 부여하는 그늘이자, 슬픔이라는 정서가 지닌 단독자적인 성격, 곧 슬픔이란 오롯이 혼자서 감당해야 하는 고독한 작업이라는 것 등을 암시하고 있다. 슬픔의 근원, 혹은 근거들이 지닌 그윽하고 아득한 성격을 뒤편이라는 이미지가 함축하고 있는 것이다. 지금까지 '뒤편'에 대한 몇 가지 이미지들을 살펴보았는데, 뒤편이라는 이미지는 그 함의가 조금씩 차이가 있기는 하지만, 존재의 어떤 근거라든가 배경, 혹은 토대로서의 그윽하고 아득한 정취를 내포하고 있다고 볼 수 있다. 이러한 뒤편에 대한 시인의 관심은 존재의 현상을 지배하고 있는 배경으로서의 근거와 맥락에 대한 관심에서 추동된 것임을 추론할 수 있다.

2. 무늬와 화음, 혹은 삶과 예술의 형상

김미정 시인의 이번 시집에서 두 번째로 주목되는 현상은

'화음(和音, harmony)'과 '무늬'의 이미지라고 할 수 있다. '뒤편'의 이미지가 한 존재가 지닌 배경과 근거에 대한 관심에서 촉발되고 있다면, 화음이라든가 무늬의 이미지는 주로 다양한 존재자들이 참여하여 만들어내는 조화와 가치에 대한 관심에서 추동되고 있다. 그러니까 '따로 또 같이' 사는 사회적 삶에서 무늬와 화음은 '같이'가 만들어내는 아름다움과 가치에 주목하고 있는 셈이다. 물론 개인적 삶의 깊이를 함의하는 무늬라든가 화음의 이미지가 없는 것은 아니지만, 그것 또한 삶의 아득함과 신비로움으로 독자들을 초대한다. 김미정 시인이 창출한 이러한 이미지는 깊이를 가지고 있을 뿐만 아니라 심미적 효과를 창출함으로써 시인의 시적 공간을 더욱 그윽하게 만들고 있다. 시인이 창출한 '화음'과 '무늬'의 이미지는 '뒤편'의 이미지와 함께 '그늘'과 '그림자'의 이미지에 통합되어 더욱 다층적인 시적 공간을 창출한다는 점에서도 주목을 요한다.

    손가락 마디마디
    굳게 새긴 마음무늬

    또렷했던 그 무늬
    햇살 따라 풀어져서

닳도록 믿고 싶었던

기억마저 흐려져서

내가 나를 증명 못한

한순간 뼈저리다

번번이 거절당한

낡은 지문 밖에서

시간은 또 누구 편에서

손 흔드나, 해맑게

—「지문」 전문

  지문(指紋)이란 시어 속에는 무늬라는 뜻이 담겨 있는데, 지문이라는 말이 곧 손가락 끝마디 안쪽에 있는 살갗의 무늬라든가 그것이 남긴 흔적 등을 의미하기 때문이다. 이 손가락의 무늬를 시인은 "마음무늬"로 해석하기도 하고, 손가락의 주인이 살아가면서 축적하고 새긴 "기억"으로 받아들이기도 한다. 그러니까 '무늬'는 한 존재의 개인사가 새겨진 역사이기도 하고, 그가 헤쳐 온 운명이기도 하며, 그런 것들이 응축된 기억이기도 한 셈이다. 이러한 점에서 '무늬'는 존재의 배경과 근거 역할을 하는 '뒤편'과도 통하는 것이다. 특히 "내가 나를 증명 못한/한순간"이라든가 "번번이 거절당한/낡은 지문", 그리고 "시간은 또 누구 편에서/손 흔드나"라는 표현들을 보면, 지문으로서의 '무늬'는 「배후」의 '뒤편'처럼 한 실존적 개인이 장악할 수 없는 어떤 불가피한 외부적 힘으로서의 운명 같은 것을 연상하게 된다. 이러한 점에서도 '무늬'는 '뒤편'의 이미지와 많은 것을 공유한다고 볼 수 있다. 하지만 '무늬'라는 이미지는 오랜 시간의 축적이 가져온 형상이라는 이미지를 거느리고 있어서 더욱 깊은 의미와 심미적 가치를 함의하고 있다고 할 수 있다. 다음 작품은 '무늬'가 시간이 그린 것이라는 점을 좀 더 분명히 보여준다.

> 시간은 이곳에서 머문 게 분명하다
> 속들이 빛을 바랜 풍경은 풍경대로
> 천년에 천년을 더해도 꿈쩍 않을 서라벌
>
> 집집이 봉분에 기대어 사는 도시
> 출토를 기다리는 언어는 모두 꽃이다
> 무너진 성벽 더듬어 헤아리는 흙 무늬
>
> 불국의 영토에서 이어온 탑 그림자
> 층층이 뿌리내려 심어둔 가락이다
> 시절에 갇히지 않는 무현금의 노래다

―「경주」전문

    고도(古都) 경주가 지닌 고풍스런 정취를 묘사한 아름다운 작품이다. 무엇보다 "무너진 성벽 더듬어 헤아리는 흙 무늬"라는 표현에서 발견할 수 있는 '무늬'라는 이미지가 눈에 띈다. 그러니까 경주라는 도시의 성벽은 시간의 갈피가 도드라지게 보이는 지층의 무늬로 되어 있다는 것인데, 이러한 표현은 경주라는 도시가 지닌 시간의 흔적, 곧 시간이 만들어낸 무늬로 되어 있음을 읽어내고 있다. 시간의 무늬가 만들어내는 고풍스러운 아우라를 표현하는 묘사들이 시적 공간을 가득 채우고 있는데, "시간은 이곳에서 머문 게 분명하다"는 표현을 비롯하여 "속들이 빛을 바랜 풍경"이라든가 "천년에 천년을 더해도 꿈쩍 않을 서라벌" 등의 표현이 바로 그러한 것들이다.

    특히 "집집이 봉분에 기대어 사는 도시"라든가 "출토를 기다리는 언어" 등의 표현들은 경주라는 도시에 새겨진 시간의 무늬를 더욱 구상화해준다. 이러한 표현들은 삶과 죽음이 하나로 결합하여 이루는 음영(陰影)과 같은 무늬를 연상시키기도 하고, 시간이 응축되어 있는 아름다운 화석을 환기하기도 한다. 더욱 주목되는 점은 시간의 무늬를 '화음'으로 읽어내는 시인의 상상력이다. "층층이 뿌리내려 심어둔 가락"이라든가 "시절에 갇히지 않는 무현금의 노래"라는 표현이 바로 경주가 지닌 시간의 무늬를 음악의 '화음'으로 해석하는 대목이다. 이러한 상상력은 '무늬'의 이미지가 지닌 조화로움과 아름다움의 정취를 읽어내는 시인의 심미적 안목과 함께 삶과 죽음, 과거와 현재, 그리고 자연과 문명 등의 자질들이 엮어내는 조응(照應)과 화음을 읽어내는 안목이 돋보인다 할 수 있다. 화음(和音)은 다양한 이질적 요소들이 섞여서 어떤 무늬를 만들어내는 것임을 다음 작품이 잘 보여주고 있다.

> 오른쪽 콘트라베이스 나지막이 다가오고
>
> 플루트와 오보에 맞물려 떠오르면
>
> 황금빛 강물에 펼치는 울림이라, 어울림
>
> 객석에 흘러내린 선율은 빛이 되어
>
> 무대로 날아오른 너와 나의 그림자
>
> 고요한 그 숨결까지 울림이네, 어울림
>
> ―「조응」 전문

현대시의 아버지로 평가되는 보들레르의 「만물상응(corres

pondance)」을 연상시키는 작품인데, 이 시의 시적 공간에는 다양한 상응(相應)이 편재한다. 먼저 '콘트라베이스'와 '플루트', 그리고 '오보에'의 소리들이 서로 화음을 형성하는 상응이 존재하고, 객석의 청중과 무대의 연주자들이 보이는 상응, 그리고 "너와 나의 그림자"에서 표현되는 어떤 서정적 존재와 대상과의 상응도 있다. 시인은 이러한 조응이 하나의 하모니(harmony)를 이룬 것을 표현하기 위해서 "황금빛 강물에 펼치는 울림"이라든가 "객석에 흘러내린 선율", 그리고 "고요한 그 숨결까지 울림"이라는 표현을 사용하면서 이미지화하려고 노력하고 있으며, 그러한 조화로운 상태를 "어울림"이라는 한 마디로 수렴시키고 있다. 그러니까 어울림이란 서로 다른 대상이 결합하여 어떤 조화로운 상태를 연출하게 되었다는 것인데, 감각을 넘나드는 시인의 표현을 빌리자면 그것은 이질적인 대상들이 그려내는 아름다운 '무늬'이기도 할 것이다. 중요한 것은 무늬라든가 화음이라는 심미적 가치들이 타자들의 조화로운 관계에 의해서 형성되고, 시간의 발효 작용을 통해서 숙성된다는 점이다. 시인은 '저녁 강'을 보면서 "품어서 풀어 내리는 저물 무렵 물무늬"라고 하면서 세상의 온갖 만물을 품어서 포용하고 감싸는 모습에서 '무늬'를 발견하기도 하는데, "시간을 감아 돌아 깊어지는 물그림자"(「화답―오르골」)라는 구절에서 알 수 있듯이, 시간이 그것을 깊고 그윽하게 만들게 되는 것이다. 이러한 점에서 '무늬'라든가 '화음'의 이미지는 한 존재가 타자와 엮어내는 삶이 지닌 깊이와 신비가 '그늘'과 '그림자'의 이미지와 연결되어 있음을 알 수 있다.

3. '그늘'과 '그림자'의 이미지

우리는 지금까지 김미정 시인의 이번 시집에서 구축한 중요한 이미지인 '뒤편'과 '무늬', 혹은 '화음'의 이미지에 대해서 간략히 살펴보았다. 시인이 구축한 '뒤편'의 이미지는 빛에 가려져 있는 그림자로서 존재의 약점과 연약함을 의미하기도 했지만, 주로 우리의 삶에 근거를 제공하는 어떤 배경이나 근원, 혹은 운명이라든가 섭리와 같은 함의를 지니고 있었다. 또한 '무늬'라든가 '화음'의 이미지 역시 어떤 존재자를 움직이는 운명이라든가 다양한 대상들이 결합하여 형성하는 관계의 조화 같은 것을 함의하는데, 이러한 이미지들에는 시인이 탐구하고자 하는 인생의 비밀이 담겨 있기도 하고, 시인이 추구하고자 하는 심미적이고 사회적인 가치가 담겨 있기도 하다. 그리고 이러한 매혹적인 이미지들은 '그늘'이라든가 '그림자'의 이미지에 통합되어 더욱 그윽한 정취를 자아낸다.

올곧게 육십 년, 챙겨온 결혼기념일
그렇게 한 번을 잊어본 적 없는데
귀퉁이 녹아내리며 고장이 난 기억창고

나란히 발맞추면 벼랑 끝도 마다않던

그 오랜 그림자가 까마득 뒤엉켜서

아슴히 이지러지듯 한 걸음씩 지우네

　　　　—「한 번도 잊은 적 없는데」 전문

  시상의 전개를 그리 어렵지 않게 포착할 수 있는 작품인데, 우리의 관심사인 '기억'과 '그림자'의 이미지가 등장하기에 주목된다. 시적 구도는 육십여 년 동안 잊지 않고 결혼기념일을 챙겨왔는데, 이제는 "고장이 난 기억창고" 때문에 그것이 불가능하게 되었다는 것이다. "기억창고"라는 말에서 알 수 있듯이 기억이란 과거의 생의 흔적들이 모여 있는 집적물로서, 필요할 때마다 꺼내어 쓸 수 있는 일용할 양식이라고 할 수 있다. 그런데 그것은 "나란히 발맞추면 벼랑 끝도 마다않던/ 그 오랜 그림자"가 축적되어 이루어진 것이다. 그러니까 기억이란 당신과 내가 함께 만들어온 "오랜 그림자"로서 축적된 과거의 시간이라고 할 수 있으며, 현재의 삶을 영위하는 데 자양분 역할을 하고 있었다는 점에서 존재의 '뒤편' 혹은 '배후'라고 할 만하다. 시적 화자는 그것이 상실되어 가는 것을 안타까운 심정으로 바라보고 있으며, 이러한 상실감이란 존재의 근거 상실에 대한 한탄에서 기인된 것이다. "울담이 놓인 자취, 뿌리로 닿는 기억"(「곤을동」)이라는 표현에서 알 수 있듯이, 기억은 존재의 근거이자 토대로서 작용하기 때문이다. 더욱 주목되는 점은 '기억'이라는 것이 한 개체의 차원이 아니라 당신과 나 사이에서 형성된다는 점인데, 다음 작품이 이를 더욱 선명하게 보여준다.

'속도'보다 더 값진 '함께' 그린 그림자

앞서거니 뒤서거니 휠체어를 돌린다

바큇살 사이로 퍼지는 햇살, 꼬리마저 흔든다
— 「동행」 전문

짧은 단시조이지만, 전하는 메시지는 결코 단순하지 않다. "앞서거니 뒤서거니" 돌아가는 "휠체어"는 물론 장애인의 삶을 함축하지만, 은유적인 차원에서 그것은 힘겹게 나아가는 인생의 행로를 의미하기도 할 것이다. 그처럼 힘겨운 인생길이지만 "바큇살 사이로 퍼지는 햇살"은 "동행"의 가치와 의미를 함축하고 있으며, 함께 살아가는 삶의 행복을 암시하고 있다. 그리고 특히 "'속도'보다 더 값진 '함께' 그린 그림자"라는 초장이 의미심장한데, 인생의 성취를 함축하는 '속도'보다 나눔과 관계를 암시하는 '함께'의 가치를 중시하는 것도 관심이 가지만, "'함께' 그린 그림자"라는 이미지가 예사롭지 않다. 여기서 그림자는 '뒤편'과 같은 존재의 취약성이라든가 운명의 의미보다는 시간의 축적이 그린 형상으로서의 '무늬'의 이미지에 더 가까운 듯한데, 역시 존재의 토대로서의 생의 이력 내지 기억의 의미를 내포하기 때문이다. '그림자'는 두 사람이 함께 그려낸 무늬로서 두 사람을 대신하는 분신이기도 하면서 두 사람을 엮어주는 관계의 역사이기도 할 것이다. "당신을 들여놓은 그림자에 밟혀서"(「눈물」)라는 표현이 이를 잘 보여주는데, 여기서 그림자란 내 안에 들어와 있는 당신의 이미지이자 나와 당신이 결합하여 생성하는 '기억창고'이기도 하기 때문이다. 김미정 시인의 이번 시집에서 '그림자'의 이미지는 대부분 '그늘'의 이미지와 그 함의를 공유하고 있다. 그것 또한 "당신의 그늘 안쪽에 갈마드는 내 그늘"(「무흘구곡 지나다」)이라는 표현에서 알 수 있듯이, 상응하면서 섞이는 무늬와 같은 성향을 지니고 있다.

    기억은 문 밖에서 저마다 흩어졌지

    안쪽은 촘촘해도 바깥은 헐거워져

    눈 감아 떠오르는 금호강, 그마저 흘러보내고

    동문 밖 눈 익은 자리 한 그루 회화나무

모두가 떠나가서 돌아오지 않아도

아주 먼 그늘을 드리워 그렁그렁 맴돌지
—「문외동」 전문

　문외동은 경상북도 영천시의 한 동으로 영천시를 굽이치며 흘러가는 남천과 접해 있으며, 시인의 과거 기억들이 고스란히 남아 있는 곳이기도 하다. 시적 공간은 상실감으로 가득 차 있는데, 물론 그 이유는 옛 추억들이 "금호강"의 흐름처럼 흘러가 버렸기 때문이다. 주목되는 점은 시인이 이를 "기억은 문 밖에서 저마다 흩어졌지"라고 하면서 기억의 상실, 혹은 기억의 해체 때문이라고 진단하는데, 기억이 존재의 근거이자 토대라는 점을 다시 한 번 확인할 수 있는 대목이다. 그리고 시인은 기억에 대해서 "아주 먼 그늘"이라는 은유로 표상하고 있다는 점에서 '그늘'의 이미지가 기억과 중첩되는 현상도 확인할 수 있다. 물론 여기서 "아주 먼 그늘"이란 동문 밖에 자리 잡고 있는 "한 그루 회화나무"가 드리운 것이기는 하지만, 그것이 "모두가 떠나가서 돌아오지 않"는 부재를 안타까워하며 과거를 그리워하고 있다는 점에서 기억과 중첩된다. 또한 "아주 먼 그늘"이라는 묘사에서 그늘은 공간적 이미지에 시간적 이미지를 포개어 겹쳐놓고 있는데, 이러한 표현은 깊고 그윽한 과거의 시간에 대한 향수를 함축하게 된다. 그러니까 기억은 "아주 먼 그늘"로서 시간을 층층이 쌓아놓고 있는 화석이라고 할 수 있으며, 그것은 한 개인이 형성한 것이 아니라 한 마을의 집단적 삶이 이루어 놓은 것이라는 점에서 공동체적인 영역에 속하기도 한다. 이러한 공동체적 삶의 기억들이 한 개체적 삶의 자양분이 되고 뿌리가 될 수 있음은 그것을 상실한 시인이 인용 시에서 토로하는 깊은 상실감과 박탈감에서 확인할 수 있다. 그늘이란 그러니까 '음덕'이라는 말에서 알 수 있듯이 한 사람이 의지할 만한 보호나 혜택으로서의 의지처이기도 한 셈이다. 그늘이 한 존재자의 그늘로서 존재의 근거 역할을 하는 점은 다음 시가 잘 보여준다.

    때 묻고 낡아지도록 반들반들 닦았지
    머물고 싶던 안쪽 아껴둔 체온으로
    드나든 시간의 갈피마다 삐걱대는 뼈마디

    덧대지 못한 기억 되박아서 아물지
    제 몸속 기대어 숨죽인 파열음이
    조각난 반그늘에서 얼룩처럼 번지지

    때때로 새로움이 익숙함을 밀어내어
    지워진 지문 아래 촘촘히 파고들어도

처음은 그 끝을 물고 오래도록 감돌지

—「헌 의자」 전문

  시적 대상인 "헌 의자"는 문학에서 관습적인 상징으로 빈번히 사용되는 한 인생이라든가 세대라고 할 수 있는데, 연륜이 새겨진 의자를 통해서 시인은 인생의 의미를 반추하고 있다. "때 묻고 낡아"진 헌 의자는 노쇠하고 퇴락한 한 인생의 황혼기에 대한 은유라고 할 수 있으며, 이러한 현상은 한 존재자의 육신에 "드나든 시간의 갈피"가 새겨졌기 때문일 것이다. 그런데 육체에 깃든 "시간의 갈피"가 "뼈걱대는 뼈마디"로 표상되는 노화와 쇠퇴의 원인이기도 하지만, "덧대지 못한 기억 되박아서 아물지"라는 표현에서 알 수 있듯이, 그러한 상처와 아픔을 치유하는 '기억'을 생성하기도 한다는 점에서 시간은 파괴의 힘이기도 하지만 치유의 힘이기도 하다는 것을 알 수 있다. 즉 시간은 육신을 퇴락으로 이끌지만, 육신의 안쪽에 기억을 새김으로써 상처를 치유하면서 남은 시간을 버티게 하는 작용도 동시에 하는 셈이다.

  동일한 논리로 "지워진 지문"이란 시간의 파괴적인 작용을 의미하는데, 한 사람의 일생이 새겨진 무늬라는 점에서 지문은 하나의 운명이자 과거의 기억을 의미하기도 한다. 그러한 지문이 지워졌다는 것은 존재의 근거로서의 기억이 소멸하고 있음을 의미한다. 하지만 "처음은 그 끝을 물고 오래도록 감돌지"라는 대목을 보면, 매 순간이 생성이란 기억을 자양분으로 해서 이루어지는 것임을 알 수 있다. 이러한 구도에서 볼 때, "헌 의자"를 버티게 하는 힘은 바로 "그 끝"으로서의 기억임을 알 수 있다. 그리고 "그 끝"이라는 표현에서 우리는 기억이란 존재의 시원이자 근원으로서 영원한 생성의 원천임을 추론할 수 있다. 기억에 대한 시적 사유가 깊고 심오하며, 그 상상력이 복욱한 향기를 발산하고 있다. 마지막으로 기억의 매제로서 '그늘'과 '그림자'가 우리의 삶에서 연출하는 아름다운 '무늬'와 '화음'의 향연을 살펴보자.

    펼쳐진 마디마디 기억의 음표들이
    하나 둘 호명되어 손끝에 모여들면
    속살을 드러내며 웃지, 햇살처럼 흰 건반

    부르면 대답하듯 누르면 되오르듯
    반음과 반음 사이 지켜줄 검은 건반
    화음을 불러일으키는 네 목소리 들리지

    발끝 닿는 그곳에 부푸는 디딜풀무
    더러는 삐걱대고 헛짚는 엇박자도
    힘차게 페달을 밟아 뿌리내린 곳이지
                           —「풍금이 놓인 자리」 전문

인용 시에서는 다양한 반향과 상응이 존재하는데, 이를테면 "흰 건반"과 "검은 건반"의 상응이라든지 부름과 대답의 화답, 누름과 되오름, 그리고 호명하는 나와 대답하는 "네 목소리"의 조응 등이 그것이다. 보들레르의 「만물상응」처럼 이 시는 이질적인 요소들이 서로 부르고 화답하면서 메아리를 형성하며 어울림의 향연을 펼치고 있는 것이다. 그런데 이러한 화답과 상응의 하모니란 실은 기억이 연주하는 음악으로서 기억의 자장 안에서 펼쳐지는 화음이라고 할 수 있다. 그러니까 이질적인 대상들이 서로 화답하면서 형성하는 화음이란 "펼쳐진 마디마디 기억의 음표들이" 연주하는 것이며, 특히 "화음을 불러일으키는 네 목소리 들리지"라는 대목에서 알 수 있듯이 서정적 대상인 당신의 응답이 결정적인 역할을 한다. 물론 당신의 응답 또한 기억의 영역에서 일어나는 일이기에 이 모든 화음이란 결국 기억의 메아리라고 할 수 있을 것이다.

구체적으로 기억의 자장은 유년의 시절로 거슬러 올라가며, 구체적인 장소는 곧 "풍금이 놓인 자리"라고 할 수 있다. 풍금이 놓인 자리는 유년 시절의 모든 시간이 하나의 공간에 응집된 곳이라고 할 수 있으며, 그러한 점에서 우주의 배꼽이자 세상의 중심이라고 할 만하다. 시인은 그러한 곳을 "뿌리 내린 곳"이라고 명명한다. 그러니까 풍금이 놓인 자리가 곧 뿌리내린 곳인 셈인데, 뿌리내린 곳이라는 점에서 그곳은 존재의 근원이자 근거로서의 위상을 점하고 있다. 그리고 풍금이 놓은 자리라는 것이 곧 기억의 영역에 속한다는 것을 상기해보면, 기억이야말로 존재의 근거로서 아름다운 화음과 어울림을 생성하는 원천이라고 할 수 있다. 이러한 지점이 김미정 시인의 시조 미학이 '뒤편'과 '무늬', '화음'과 '그늘', 그리고 '그림자'의 이미지를 통해서 도달한 극점이라고 할 수 있다. 여기에는 시원과 근원으로서의 기억이 자리 잡고 있으며, 그것이 다양한 이질적 대상들을 서로 조응시켜 아름다운 하모니를 이루고 화답과 조응의 세계가 반짝이게도 한다.

4. 새로운 출발을 위하여

지금까지 김미정 시인의 세 번째 시집이 구축한 아름다운 이미지의 전개를 중심으로 그녀의 시조 세계가 도달한 서정과 사유의 그윽한 정취를 더듬어 보았다. 이번 시집에서 시인은 현대 시조라는 것이 율격을 중심으로 한 음악이기도 하지만, 아름다운 이미지로 구축되는 그림이기도 하며, 그 그림 속에 담기는 사유이기도 하다는 사실을 증명하고 있다. 절제되고 압축된 형식을 통해서 펼쳐지는 이미지의 향연이 아름답고 깊은 여운을 남기고 있다. 시인이 발견하고 창출한 '뒤편'의 이미지를 비롯하여 '무늬'라든가 '화음', 그리고 '그늘'과

'그림자'의 이미지들은 그 자체로 아름다운 심상과 그윽한 정취를 지니고 있을 뿐만 아니라 오늘날 촉박한 시간을 살아가는 현대인들의 일용할 양식이 어디에 있는지를 깊은 시적 사유를 통해 추적하고 있다.

  절제된 형식의 절차탁마를 통해서 언어의 음악을 연주하는 것도 중요하지만 무엇보다 김미정 시인처럼 이미지를 붙잡고 씨름하는 작업이 현대시로서의 현대시조에는 필요한 작업이라고 판단된다. 그리고 시적 공간에 그윽한 정취를 생성하기 위해서는 무엇보다 시적 사유의 깊이가 필요할 것이다. 김미정 시인은 현대시조가 나아가야 할 방향성을 제대로 설정한 듯하다. 더욱 웅숭깊은 시적 사유와 명중한 이미지의 구축을 통해서 현대시조의 앞길을 넓히고 깊이를 더하기를 기대해본다.

시인동네 시인선 181

슬픔의 뒤편
ⓒ 김미정

초판 1쇄 인쇄	2022년 8월 4일
초판 1쇄 발행	2022년 8월 11일
지은이	김미정
펴낸이	김석봉
디자인	헤이존
펴낸곳	문학의전당
출판등록	제448-251002012000043호
주소	충북 단양군 적성면 도곡파랑로 178
전화	043-421-1977
전자우편	sbpoem@naver.com

ISBN 979-11-5896-554-9 03810

*이 책의 판권은 지은이와 문학의전당에 있습니다.
*양측의 서면 동의 없는 무단 전재 및 복제를 금합니다.
*잘못 만들어진 책은 바꿔드립니다.